Ursula Poznanski

Pauline Pechfee

Illustriert von
Sabine Büchner

Pauline schwebte aufgeregt über die Stadt. Mit beiden Händen umklammerte sie einen goldenen Beutel. Darin war Sternenstaub, ihr eigener Sternenstaub! Er war silbrig rosa, wunderschön, und Pauline konnte es nicht mehr erwarten, ihn das erste Mal durch ihre Finger rieseln zu lassen.
Sie hielt ihren Staubbeutel so fest sie konnte. Camilla hatte ihr erklärt, dass man ihn auf keinen Fall, niemals und nimmer fallen lassen durfte.
Denn Sternenstaub bringt Glück. Wenn aber jemand einen ganzen Sack auf einmal über den Kopf geschüttet bekommt, dann ist das zu viel Glück, und das hält niemand aus.
So wie Pauline war auch Camilla eine Glücksfee, und zwar eine mit viel Erfahrung.
Camilla war toll, ein richtiges Vorbild, fand Pauline. Von ihr würde sie lernen, wie das mit dem Glückbringen funktionierte.

Die beiden Feen setzten sich auf das Dach einer Bäckerei und hielten Ausschau nach jemandem mit einem Problem. Aber den Leuten auf der Straße schien es gut zu gehen.

Fast schon war Pauline enttäuscht, da entdeckte Camilla einen Mann, der in seinem Auto saß und fluchte. Das Auto gab keinen Ton von sich. Nicht Muh und nicht Mäh (was seltsam gewesen wäre), aber auch nicht Brumm (wie es sich für ein Auto gehört). „Den übernehme ich!", rief Camilla. „Schau mir gut zu!" Sie schwebte zu dem Auto, krümelte vier Körner ihres lila-goldenen Sternenstaubs darüber und ruckzuck sprang der Motor an.

„Toll!", freute sich Camilla und Pauline nickte voller Bewunderung.

„Jetzt bist du dran", sagte Camilla zu Pauline, die prompt feuchte Hände bekam vor Aufregung. Zum ersten Mal in ihrem Feenleben durfte sie jemandem Glück bringen! Eine Frau im Blümchenkleid rannte auf die Bushaltestelle zu. In jeder Hand trug sie drei schwere Einkaufstaschen, dazu noch ein kleines Paket, eingeklemmt zwischen Schulter und Kinn. Die Frau hatte es noch ziemlich weit bis zur Haltestelle, doch der Bus war schon sehr nah.

„Sieh zu, dass sie ihn noch erwischt", schlug Camilla vor.

Pauline schwebte los. Vorsichtshalber nahm sie vier silbrige rosa Staubkörner aus ihrem Beutel. Das war zwar eine Menge, nur für einen verpassten Bus, aber Pauline wollte sichergehen. Sie warf den Sternenstaub genau so, wie sie es bei Camilla gesehen hatte. Die Körnchen rieselten auf die Frau nieder.

„Gleich", dachte Pauline, zappelig vor Freude. „Gleich hat sie Glück. Vielleicht kommt jemand und hilft ihr beim Tragen oder hält den Bus auf oder …"

Weiter kam Pauline mit ihren Gedanken nicht, denn plötzlich verlor die Frau das Gleichgewicht. Erst rutschte das Päckchen unter ihrem Kinn hervor, dann ließ sie die Taschen aus ihren Händen fallen. Verzweifelt ruderte sie mit den Armen, versuchte vergeblich, sich an einem Laternenpfahl festzuhalten, und dann – Pauline konnte gar nicht hinsehen – fiel sie selbst.
Camilla quietschte wie eine erschrockene Gummiente, Pauline dagegen kriegte keinen Ton heraus. Wie konnte so etwas passieren?
„Ich hab alles so gemacht, wie du es mir gezeigt hast", rief sie. „War etwas falsch? Habe ich zu wenig Staub genommen?"
„Ich glaube nicht", sagte Camilla.
„Dann hab ich ihn nicht richtig geworfen?"
„Doch, hast du", sagte Camilla.

Der Bus war längst in die Haltestelle eingefahren und nun fuhr er wieder davon. Er brauste an der Frau vorbei und hinterließ ein paar Schlammspritzer auf ihrem Blümchenkleid. Das auch noch!

Über ihrer Nase entdeckte Pauline zwei tiefe Ärgerfalten.
Die wurden noch tiefer, als plötzlich kalter Wind aufkam.
Die Frau mit dem schlammbespritzten Blümchenkleid zog die Schultern hoch und stellte sich in die Nische eines Schaufensters. Jetzt war sie nur noch von hinten zu sehen, aber auch von dieser Seite wirkte sie ganz und gar nicht glücklich.
„Sie ist hingefallen und hat ihren Bus verpasst", stammelte Pauline. „Trotz Sternenstaub! Da stimmt doch etwas nicht."
Camilla zuckte mit den Schultern. „Mach dir nichts draus", sagte sie. „Versuch es einfach gleich noch einmal."

„Besser klein anfangen", überlegte Pauline und schwebte in eine schmale Seitengasse. Dort standen ein paar stinkende Mülltonnen. Ein Hund mit zotteligem Fell versuchte daran hochzuhüpfen, um etwas Fressbares herauszufischen. Aber er schaffte es nicht ganz.

„Wirkt Sternenstaub auch bei Hunden?", erkundigte sich Pauline.

„Klar", sagte Camilla. „Auch bei Nasenbären, Stachelschweinen und Kängurus."

Diesmal durfte nichts schiefgehen! „Pass auf, kleiner Hund", dachte Pauline, während sie gleich fünf Körner Sternenstaub aus ihrem Beutel holte. „Jetzt bringe ich dir Glück und du findest einen riesengroßen Knochen."

Silbrig rosa rieselte der Staub auf den Zottelhund herab.

„Es hat geklappt!", jubelte Pauline, als dem Hund der Sprung auf die Mülltonne gelang und er begeistert hineinschnüffelte. Dass dabei die Tonne zu schwanken begann, bekam er gar nicht mit. Pauline aber schon.

„Nein! Bitte nicht! Fall nicht um, du blöde Tonne, FALL JA NICHT UM!"

Doch die Tonne kippte. Nun merkte es auch der Hund, er versuchte abzuspringen, aber stattdessen plumpste er hinein, mitten in den Müll. Mit lautem Krachen fiel die Tonne um. Rundherum wurden Fenster aufgerissen.

„Was ist das für ein Lärm?", brüllte jemand.
Aber Pauline hatte nur Augen für das Hündchen, das jetzt aus dem Abfall kroch und sich schüttelte. Immerhin hatte es sich nicht wehgetan.

„Was ist los mit mir?", jammerte Pauline. „Liegt es daran, dass ich zum ersten Mal Sternenstaub streue? Geht es vielen Anfängern so?"

„Eigentlich nicht", meinte Camilla und kräuselte die Nase. „Um ehrlich zu sein, habe ich so etwas noch nie erlebt."

Pauline ließ die Feenflügel hängen.

„Dachte ich mir. Ich bin der Grund. Ich bin gar keine Glücksfee."

„Was denn sonst?", fragte Camilla verblüfft.

„Eine Pechfee. Ich bringe Unglück."

„Lass es für heute gut sein", schlug Camilla vor. „Morgen versuchst du es noch einmal."

Am nächsten Tag flog Pauline allein los.
Vielleicht ging es besser, wenn ihr niemand zusah.
Voller guter Vorsätze schwebte sie über die Grenzen der Stadt hinaus und hielt erst an, als sie zu einer Wiese kam, an deren Rand alte Weiden standen. Auf einer davon ließ sie sich nieder und betrachtete den Sack mit Sternenstaub in ihrer Hand. Wie hübsch der aussah!
Auf der Wiese unter den Weiden spielten ein paar Leute Fußball. Einige lagen im Gras und lasen. Einer übte das Fahren auf dem Einrad. „So schade", dachte Pauline.
„Ich habe hier Sternenstaub, genug für euch alle, und was hilft es?"

Doch je länger sie hinsah, desto mehr hatte Pauline den Eindruck, dass die Menschen auf der Wiese auch so gut zurechtkamen. Sie lachten und hatten Spaß – ganz ohne Glücksfee. Nur der junge Mann auf dem Einrad sah nicht fröhlich aus. Er übte Kurven fahren. Bis jetzt war ihm noch keine gelungen, dafür war er schon ein paarmal vom Rad gefallen.
„Na gut", dachte Pauline. „Vier Körnchen Sternenstaub. Wenn er danach wenigstens eine einzige Kurve hinkriegt, dann bin ich vielleicht doch keine Versagerin."
Pauline bröselte. Der Mann radelte los, legte sich in die Kurve, es sah richtig gut aus – bis er das Gleichgewicht verlor und der Länge nach hinschlug.
„Aua!", rief er. „Mein Arm! Wie das wehtut!"
Auf ihrem Ast zitterte Pauline so sehr, dass der ganze Baum wackelte. Was hatte sie nur getan? Wo sie doch gewusst hatte, dass sie nur Unglück brachte!
Der Mann jammerte immer lauter.
„Der Arm ist sicher gebrochen", sagte einer der Fußballer und telefonierte nach einem Rettungswagen.

Das war mehr, als Pauline aushalten konnte! Ohne sich noch einmal umzudrehen, flog sie davon, flog stundenlang ohne Pause, bis sie zu einem dichten kleinen Wald kam, wo weit und breit kein Mensch wohnte.

„Hier bleibe ich", dachte sie. „Hier bin ich für niemanden gefährlich."

Sie suchte sich einen hohlen Baumstamm, polsterte ihn mit Moos aus und beschloss, ab sofort hier zu wohnen. Am liebsten hätte sie noch ein Schild an den Stamm genagelt, mit der Warnung „Vorsicht, gemeingefährliche Fee". Doch hier im Wald gab es nur Hasen, Rehe und Füchse, die allesamt nicht lesen konnten.

Vier Tage lang saß Pauline in ihrem Baumstamm und hatte finstere Gedanken. Sie waren so finster, dass der Wald rundherum ganz dunkelgrau wurde und lauter schwarze Pilze aus dem Boden schossen.

Am fünften Tag klopfte jemand gegen den hohlen Baum.

„Pauline, bist du da drin?" Das war die Stimme von Camilla.

Woher wusste die, wo Pauline sich versteckt hatte? Schon wieder Pech!

„Komm schon, Pauline, ich suche dich seit Stunden. Du musst dich beeilen, wir haben einen Termin."

„Feen haben keine Termine", trotzte Pauline. „Feen haben nicht einmal Uhren, und Pechfeen schon gar nicht."

Sie hörte Camilla vor dem Baumstamm ungeduldig mit den Flügeln schlagen. „Ich habe in den letzten vier Tagen in vierhundert Büchern nachgelesen!", rief sie. „In keinem habe ich etwas über Pechfeen gefunden. Dafür aber andere Dinge, die dich vielleicht interessieren. Komm raus!"

Doch Pauline sagte Nein. Sie sagte Nein, bis Camilla begann, im Dreivierteltakt auf den Baumstamm einzutrommeln. Das ging Pauline so auf die Nerven, dass sie endlich nachgab.

Grummelnd schwebte sie hinter Camilla zurück in die Stadt.
„Was soll ich denn wieder hier?", quengelte sie.
„Sei keine Motzfee", antwortete Camilla.
„Ich hatte eine Idee, und so wie es aussieht,
könnte da etwas dran sein."

Noch bevor Pauline protestieren konnte, hatte Camilla sie in die kleine Gasse gelotst, durch die vor wenigen Tagen der struppige Hund mitsamt der Mülltonne gerollt war.
„Das war eine tolle Idee?", fragte Pauline. „Warum bringst du mich hierher? Soll ich noch einen Hund in den Müll kippen?"
„Pst", sagte Camilla. „Warte doch ein bisschen."
Unwillig schwebte Pauline ein paar enge Zickzacklinien.
„Ich will nicht warten", murrte sie. „Ich will zurück in meinen Baumstamm."

„Sei einfach still und ... ah, da kommen sie!"
Camilla nahm Pauline um die Schultern
und deutete auf eine Tür, die sich öffnete,
ganz hinten in der Gasse. Paulines Mund
klappte auf.
Aus dem Haus marschierte der kleine
Streuner. Er sah gar nicht mehr so struppig
aus: Sein Fell war gebürstet und er trug ein
leuchtend rotes Halsband. Daran hing eine
Leine, deren anderes Ende von einem bärtigen
Mann gehalten wurde.

„Komm, Toby, machen wir einen Spaziergang", sagte der Bärtige. Das Hündchen hüpfte begeistert um ihn herum und hob dann das Bein an einer der Mülltonnen.

„Das verstehe ich nicht", sagte Pauline.

„Ich schon", erwiderte Camilla. „Der Hund hat ziemliches Glück gehabt. Die umgekippte Mülltonne hat so viel Lärm gemacht, dass die Leute nachgesehen haben, was los ist. Der Mann mit dem Bart war einer von ihnen, und er hat den Hund gleich behalten. Hast du gesehen, wie sehr sie sich mögen? Du hast beiden Glück gebracht."

Pauline schüttelte energisch den Kopf.

„Zufall!", rief sie.

„Eine Glücksfee, die an Zufälle glaubt, ist eine komische Glücksfee", meinte Camilla. „Aber gut. Warten wir es ab. Gleich haben wir noch einen Termin."

Pauline war seltsam zumute, während sie hinter Camilla herschwebte. Sie war erleichtert, dass es dem Hündchen gut ging, aber sie hätte gern verstanden, was passiert war.

Sie flogen auf ein Kaffeehaus zu und Camilla hielt direkt auf eines der Tischchen zu. Erst auf den zweiten Blick erkannte Pauline, dass dort die Frau im Blümchenkleid saß, die wegen ihres Pechzaubers den Bus verpasst hatte. „Ich bin hingefallen", erzählte sie. „Mitten auf der Straße. Habe schrecklich geflucht zuerst, aber dann ..." Sie machte eine geheimnisvolle Pause. Ihre Freundin sah sie gespannt an. Noch viel gespannter war Pauline. „Dann", fuhr die Frau fort, „habe ich auf den Bus warten müssen, und weil der Wind so kalt war, habe ich mich in die Nische eines Schaufensters gestellt. Stell dir vor: In diesem Schaufenster lag der alte Teddybär, den ich von meiner Oma geerbt hatte. Meine Mutter hatte ihn verkauft, ich habe jahrelang nach ihm gesucht – und plötzlich liegt er vor meiner Nase! Wenn ich nicht ausgerutscht wäre – ich hätte ihn nie gefunden."
Sie nahm einen Schluck aus ihrer Kaffeetasse.
„Ist das nicht ein unglaubliches Glück?"
Die Freundin nickte; Pauline nickte auch.

„Siehst du jetzt, dass du keine Pechfee bist, Pauline?
Du bist eine ganz besondere Glücksfee. Bei dir wartet
das Glück sozusagen einmal um die Ecke", freute sich Camilla.
Pauline war begeistert. „Du hast recht!", rief sie.

Doch dann fiel ihr etwas ein, und schon war ihre gute Laune wieder verflogen.
„Da war noch ein Mann mit einem Einrad", sagte sie. „Meinetwegen hat er sich den Arm gebrochen. Dem hab ich bestimmt kein Glück gebracht."
Da konnte nicht einmal Camilla widersprechen. Sie machte ein Gesicht, als hätte sie Zahnweh. „Tja, was mit ihm ist, das kapiere ich selbst nicht. Ich habe nachgeforscht, er hat einen komplizierten Armbruch und ist sogar operiert worden."
Pauline war entsetzt. „Ist er im Krankenhaus?", fragte sie und schwebte sofort los, als Camilla nickte.
„Ich will ihn besuchen", erklärte sie. „Vielleicht kann ich das Unglück wiedergutmachen."

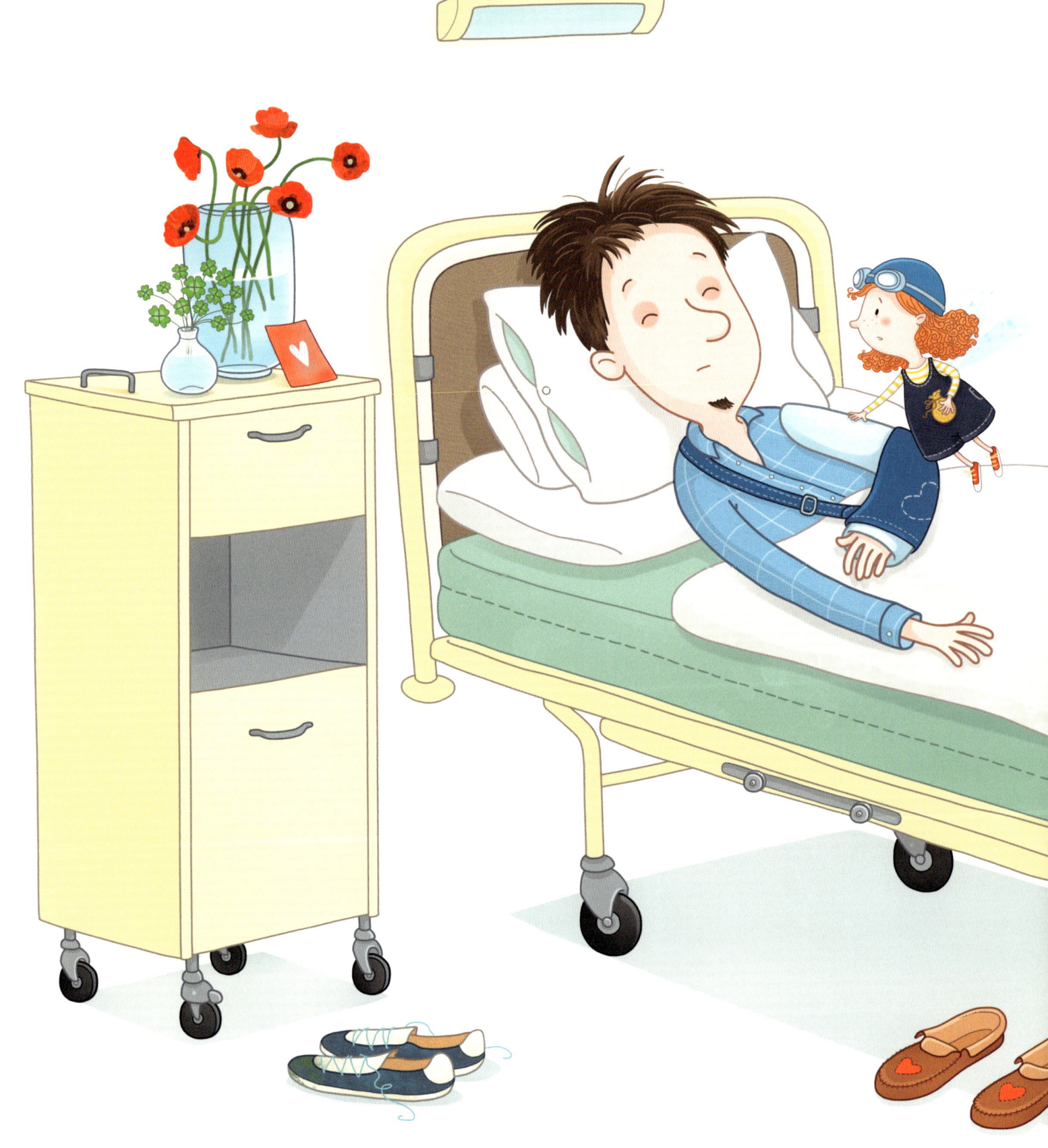

Im Spital war alles sehr sauber und sehr weiß. Camilla brachte Pauline zum Zimmer des jungen Mannes. „Sei nicht traurig, wenn du ihn siehst", meinte sie. „Ein gebrochener Arm heilt wieder. Es gibt Schlimmeres."

Aber als Pauline ihr Opfer im Bett liegen sah, blass, mit geschlossenen Augen und einem Riesengips, der bis zur Schulter ging, vergoss sie beinah ein paar Tränen.

„Es tut mir wirklich, wirklich leid", wisperte sie, obwohl sie wusste, dass er als Mensch ihre Feenstimme nicht hören konnte. „Dabei wollte ich Ihnen nur Glück bringen ..."

In diesem Moment öffnete sich die Zimmertür und eine Krankenschwester kam herein.

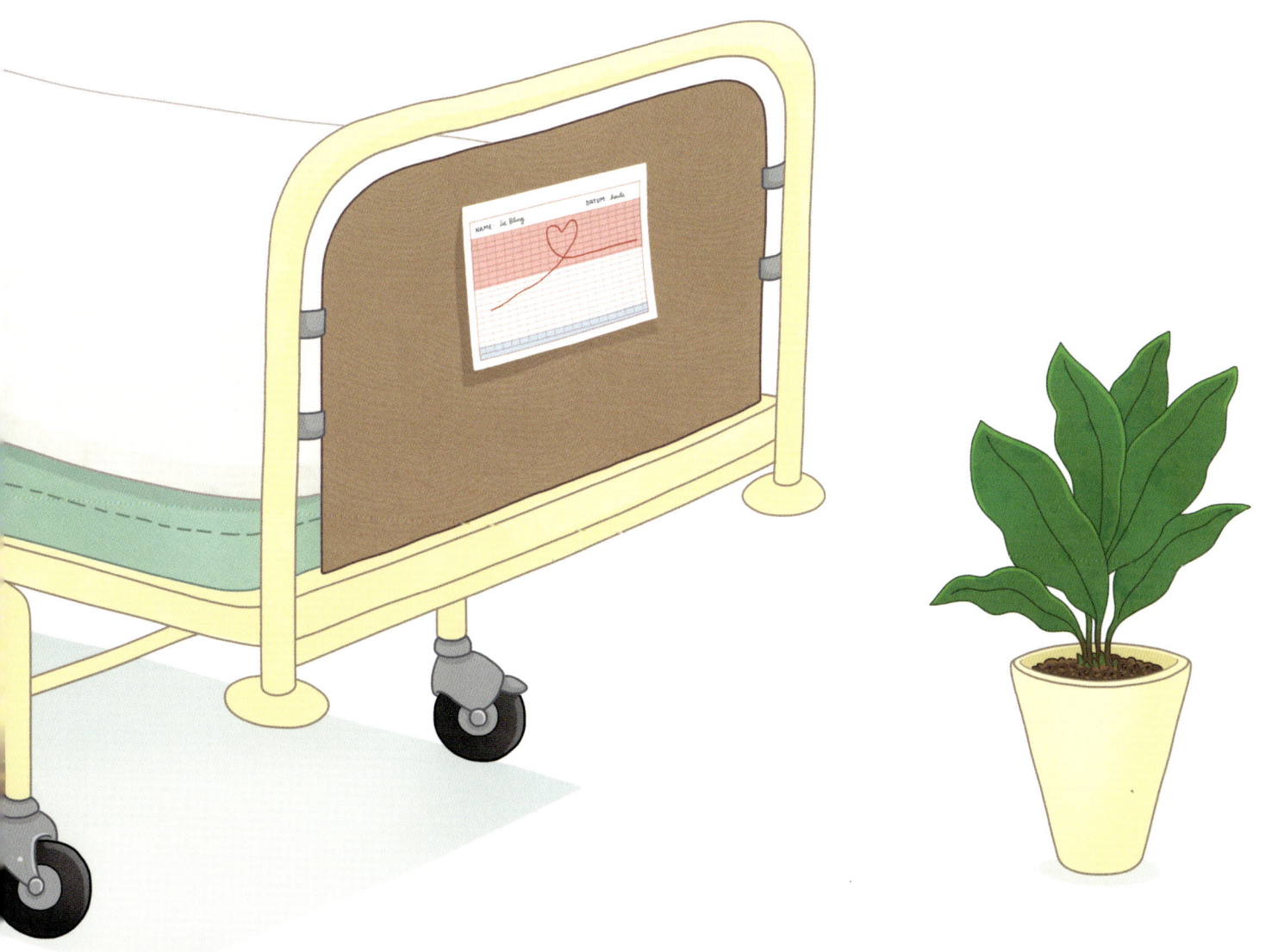

Sie hatte kurzes rotes Haar und hundert Sommersprossen im Gesicht. Der Mann schlug die Augen auf und lächelte. So glücklich hatte Pauline noch niemanden lächeln gesehen.

„Morgen wirst du schon entlassen", sagte die Krankenschwester und nahm die gesunde Hand des Mannes.
„Ja, und ich werde dich schrecklich vermissen", sagte der Mann. „Weil wir uns dann erst am Abend wiedersehen."
„Ich bin so froh, dass wir uns kennengelernt haben", sagte die Krankenschwester.
„Und ich erst! Wenn ich gewusst hätte, dass ich dich hier finde, hätte ich mir schon vor drei Jahren den Arm gebrochen", antwortete der Mann. „Oder das Bein. Oder beide Beine. Oder ..."
„Pssst", machte die Frau. „Jedenfalls haben wir Glück gehabt."
„Das größte Glück auf der ganzen Welt", sagte der Mann, und dann küssten sie sich, und Pauline flog ganz schnell aus dem Zimmer, weil ihr das so peinlich war.

Draußen wartete Camilla auf einer Parkbank.
"Na?", fragte sie. "Wieder Glück um die Ecke?"
"Ja", sagte Pauline. "Kann man so sagen. Wie es aussieht, bin ich eine Glücksfee auf den zweiten Blick."
"Was hältst du dann von ein bisschen Sternenstaub?", fragte Camilla und zwinkerte.
"Eine Menge!", rief Pauline.
Drei Straßen weiter entdeckte sie bereits ihren nächsten Schützling. Einen Mann mit Glatze, der eben aus dem Haustor trat und einen Blick zum Himmel warf. Es sah aus, als würde es bald regnen.
"Den da nehme ich!", kündigte Pauline an.
Fünf Körner silbrig rosa Sternenstaub pickte sie aus dem Beutel, weil der Mann gar so schlecht gelaunt schien.
"Mistwetter", schimpfte er. "Mistregen. Mist. Mist. Mist."
Paulines Sternenstaub rieselte auf ihn herunter. Im ersten Moment passierte nichts, dann hob eine Taube, die auf der Dachrinne saß, ihre Schwanzfedern und ließ einen großen Klacks Taubendreck fallen. Mitten auf die Glatze des Griesgrämigen.

„Mist!", schrie der voller Wut. „Jetzt muss ich mir erst den Dreck vom Kopf waschen!" Er machte auf dem Absatz kehrt und stapfte grimmig zurück.
„Das sieht schon wieder nicht gut aus", murmelte Pauline unbehaglich. „Ob diesmal ..."
Ein lauter Rums unterbrach sie, gefolgt von einem Klirren.
„Oh, sieh mal!", rief Camilla.
Ein Stück weiter den Weg entlang waren ein paar Ziegel vom Dach gestürzt und auf der Straße zu Scherben zersprungen.
„Das hätte er alles auf den Kopf gekriegt, wenn er nicht umgekehrt wäre", sagte sie. „Du hast schon wieder Glück gebracht, und zwar die wertvollste Sorte: Du hast verhindert, dass ein Unglück passiert."

Pauline nickte stolz und im gleichen Augenblick ging die Haustür wieder auf. Der Mann hatte seine Glatze geputzt und schlug nun erneut seinen Weg ein, immer noch böse brummend.
Pauline sah ihm nach. „Der weiß gar nicht, dass er Glück gehabt hat."
„Nein", sagte Camilla.
„Schade", seufzte Pauline. Sie sahen dem Mann zu, wie er um die Ecke bog. „Aber Glück bleibt Glück, nicht wahr?"
„Sicher", antwortete Camilla. „Glück bleibt Glück, und wenn du klug bist, macht es dich vielleicht sogar glücklich."
Da musste Pauline lachen. Kreuz und quer schoss sie zwischen den ersten Regentropfen herum, die vom Himmel fielen. Hätte sie einen ganzen Löffel voll silbrig rosa Sternenstaub geschluckt – sie hätte nicht glücklicher sein können.

Ursula Poznanski ist eine der erfolgreichsten deutschsprachigen Jugendbuchautorinnen. Ihr Debüt *Erebos*, erschienen 2010, erhielt zahlreiche Auszeichnungen (u. a. den Deutschen Jugendliteraturpreis) und machte die Autorin international bekannt. Inzwischen schreibt sie auch Thriller für Erwachsene, die genauso regelmäßig auf den Bestsellerlisten zu finden sind wie ihre Jugendbücher. Sie lebt mit ihrer Familie im Süden von Wien.

Sabine Büchner studierte dies und das, zuletzt Animation an der HFF in Babelsberg. 2006 erhielt sie das Troisdorfer Bilderbuch-Stipendium und ist seitdem als freie Illustratorin und Autorin für verschiedene Verlage tätig.

ISBN 978-3-7432-0747-9
1. Auflage 2024
© 2024 Loewe Verlag GmbH, Bühlstraße 4, D-95463 Bindlach
Text © 2024 Ursula Poznanski
Dieses Werk wurde vermittelt durch die AVA international GmbH
Autoren- und Verlagsagentur, München.
www.ava-international.de
Umschlag- und Innenillustrationen: SaBine Büchner
Umschlaggestaltung: Michael Dietrich
Printed in the EU

www.loewe-verlag.de
www.ursula-poznanski.de